BEI GRIN MACHT SICH IHR WISSEN BEZAHLT

- Wir veröffentlichen Ihre Hausarbeit, Bachelor- und Masterarbeit

- Ihr eigenes eBook und Buch - weltweit in allen wichtigen Shops

- Verdienen Sie an jedem Verkauf

Jetzt bei www.GRIN.com hochladen und kostenlos publizieren

Bibliografische Information der Deutschen Nationalbibliothek:

Die Deutsche Bibliothek verzeichnet diese Publikation in der Deutschen Nationalbibliografie; detaillierte bibliografische Daten sind im Internet über http://dnb.d-nb.de/ abrufbar.

Dieses Werk sowie alle darin enthaltenen einzelnen Beiträge und Abbildungen sind urheberrechtlich geschützt. Jede Verwertung, die nicht ausdrücklich vom Urheberrechtsschutz zugelassen ist, bedarf der vorherigen Zustimmung des Verlages. Das gilt insbesondere für Vervielfältigungen, Bearbeitungen, Übersetzungen, Mikroverfilmungen, Auswertungen durch Datenbanken und für die Einspeicherung und Verarbeitung in elektronische Systeme. Alle Rechte, auch die des auszugsweisen Nachdrucks, der fotomechanischen Wiedergabe (einschließlich Mikrokopie) sowie der Auswertung durch Datenbanken oder ähnliche Einrichtungen, vorbehalten.

Impressum:

Copyright © 2007 GRIN Verlag, Open Publishing GmbH
Druck und Bindung: Books on Demand GmbH, Norderstedt Germany
ISBN: 978-3-668-01884-6

Dieses Buch bei GRIN:

http://www.grin.com/de/e-book/134371/rfid-basierte-drahtlose-sensornetzwerke-ueberblick-ueber-aktuelle-anwendungsgebiete

Hannes Wilke

RFID-basierte drahtlose Sensornetzwerke. Überblick über aktuelle Anwendungsgebiete

GRIN Verlag

GRIN - Your knowledge has value

Der GRIN Verlag publiziert seit 1998 wissenschaftliche Arbeiten von Studenten, Hochschullehrern und anderen Akademikern als eBook und gedrucktes Buch. Die Verlagswebsite www.grin.com ist die ideale Plattform zur Veröffentlichung von Hausarbeiten, Abschlussarbeiten, wissenschaftlichen Aufsätzen, Dissertationen und Fachbüchern.

Besuchen Sie uns im Internet:

http://www.grin.com/

http://www.facebook.com/grincom

http://www.twitter.com/grin_com

GEORG-AUGUST-UNIVERSITÄT GÖTTINGEN
INSTITUT FÜR WIRTSCHAFTSINFORMATIK
ABTEILUNG WIRTSCHAFTSINFORMATIK II

SEMINAR ZUR WIRTSCHAFTSINFORMATIK
Wirtschaftsinformatik
SOMMERSEMESTER 2007

RFID-basierte drahtlose Sensornetzwerke :
Überblick über aktuelle Anwendungsgebiete

Hannes Wilke
Wirtschaftsinformatik (Diplom)
8. Semester

INHALTSVERZEICHNIS

EINLEITUNG 1
1   GRUNDLAGEN 1
2   AKTUELLE ANWENDUNGSGEBIETE 4
   2.1   Ladeeinheitensicherung 4
   2.2   Asset tracking in Officeumgebung 4
   2.3   Temperaturüberwachung von Lebensmitteltransporten 5
   2.4   Asset Tracking per Satellit - RFID-Tag mit integriertem GPS-Sensor 6
   2.5   Überwachung von Blutkonserven 6
   2.6   Containerüberwachung per RFID-basierter Sensor-Tags 7
   2.7   Weitere Anwendungsgebiete 7
LITERATURVERZEICHNIS 9

Einleitung

Beim Versuch, die reale Welt digital nachzubilden, spielt Radiofrequency Identification (RFID) eine Schlüsselrolle. Winzige digitale Chips kommunizieren über Radiowellen mit nach gelagerten Backendsystemen und erwecken so Realgegenstände zum Leben. Neben RFID hilft auch die Sensorik bei der digitalen Simulation der Realwelt. In so genannten Sensornetzwerken versorgen unterschiedlichste Sensoren Backendsysteme drahtlos mit Umweltinformationen. Diese Arbeit soll beide Technologien zusammenbringen und befasst sich mit dem Einsatz von RFID in drahtlosen Sensornetzwerken. Nach der kurzen Einleitung sollen im anschließenden Grundlagenteil zunächst einige Kernbegriffe erläutert und der Aufbau eines drahtlosen Sensornetzwerkes beschrieben werden. Anschließend widmet sich der Hauptteil den Anwendungsgebieten der beschriebenen Sensornetzwerke. Anhand einiger aktueller Szenarien soll ein Überblick über die derzeitigen Anwendungsgebiete und die aktuelle Situation vermittelt werden. Die Arbeit schließt mit einem kurzen Fazit.

1 Grundlagen

In diesem Kapitel soll zunächst auf den Begriff „drahtloses Sensornetzwerk" eingegangen und anschließend der Aufbau eines solchen Netzwerks dargestellt werden. Anschließend wird kurz der Aufbau eines klassischen RFID-Systems skizziert.

Gemäß Müller/Thies 2006 versteht man *„unter einem drahtlosen Sensornetzwerk (engl. Wireless Sensor Network, WSN) (...) ein mobiles Ad-hoc Netzwerk, dessen Teilnehmer mit Sensoren ausgestattet sind, welche die Ermittlung von Daten aus ihrer direkten Umgebung ermöglichen"* (vgl. Müller/Thies 2006).

Diese Teilnehmer werden in der Literatur als Knoten (nodes) des drahtlosen Netzwerks bezeichnet. Jeder Knoten besteht aus einem Sensor zur Aufnahme der spezifischen Daten, einem Prozessor für die Informationsverarbeitung, einer Kommunikationseinrichtung zum Informationsaustausch und einer Energiequelle.

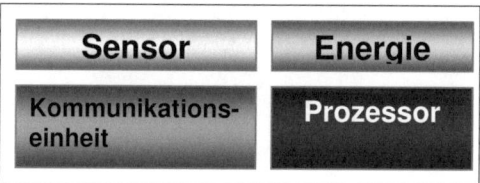

Abb. 1/1: Sensoreinheit im drahtlosen Sensornetzwerk

Die Sensoreinheit kann dabei verschiedenste Umweltinformationen sammeln[1]:
- Feuchtigkeit
- Temperatur
- Bewegung
- Lichtverhältnisse
- Druck
- Bodenbeschaffenheit
- Geräusche
- Mechanische Spannung
- Geschwindigkeit, Richtung, Größe, Präsenz / Abwesenheit von Objekten

Die Energieeinheit sorgt für die Verfügbarkeit der Dienste des Knotens und kann sowohl passiv als auch aktiv realisiert sein.

Die folgende Abbildung zeigt die vom Fraunhofer Institut für Mikroelektronische Schaltungen und Systeme (IMS) entwickelte Lösung eines drahtlosen Sensornetzwerkes (vgl. im Folgenden Fraunhofer Institut 2007, S. 1f):

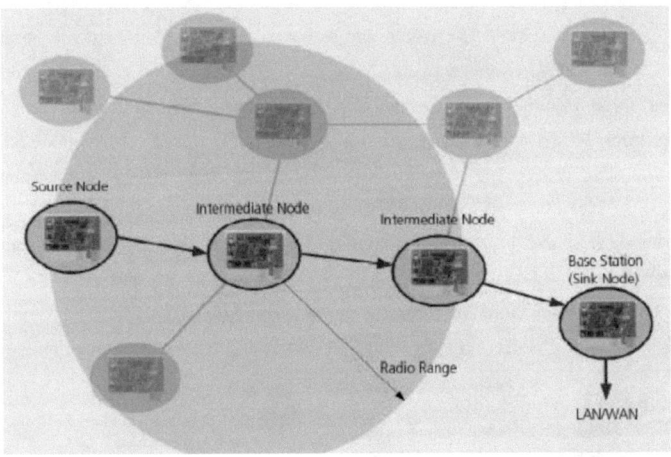

Abb. 1/2: Drahtloses Sensornetzwerk des Fraunhofer Instituts

---

[1] vgl. Strassner/Schoch 2007, S.6

Alle Knoten des Netzwerks senden ihre Informationen an eine Basisstation. Diese kann zur weiteren Verarbeitung und Distribution der Daten über einen Uplink zu einem angeschlossenen LAN oder WAN verfügen. Das Multihop-Netzwerk-Protokoll übernimmt das Routing innerhalb des Netzwerks und sorgt dafür, dass die Knoten in der Lage sind, miteinander zu kommunizieren. Jeder Knoten des Sensornetzwerks kann entweder selbst Datenquelle sein oder als Vermittler fungieren. Liegt die Basisstation außerhalb des Sendebereichs eines Knotens, so kann dieser keine direkte Verbindung zu ihr aufnehmen. In diesem Fall stellt das Multihop-Protokoll sicher, dass die Informationen des Quellknotens über zwischen gelagerte Knoten (Intermediate Nodes) ans Ziel gelangen. Auf diese Weise ist es für jeden Knoten möglich, seine Informationen über seinen eigenen Sendebereich hinaus an die Basisstation zu senden.

Der große Vorteil drahtloser Sensornetzwerke liegt in der Autonomie der einzelnen Knoten und Netzwerkfähigkeit der Sensoreinheiten. Mithilfe des Multihop-Protokolls sind die Sensoren in der Lage, durch Kooperation Synergieeffekte zu erzielen und dezentralisiert zu arbeiten (vgl. Strassner/Schoch 2007, S. 6 und BMWI 2007, S. 7f).

Als Kommunikations- und Verarbeitungseinheit sollen in dieser Arbeit ausschließlich RFID-Chips betrachtet werden. Der Aufbau und die Funktionsweise eines klassischen RFID-Systems soll hier nur kurz skizziert werden (vgl. im Folgenden Strassner/Schoch 2007, S. 4):

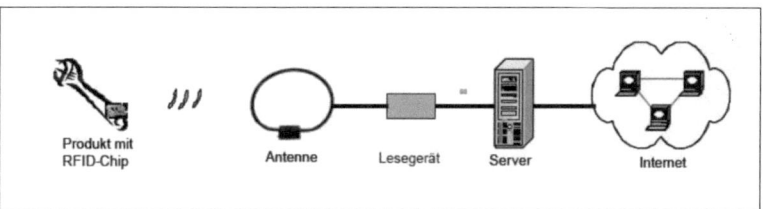

Abb. 1/3: Funktionsweise eines RFID-Systems

Der RFID-Chip ist mit einem Objekt aus der Realwelt physisch verbunden. Das RFID-Lesegerät nimmt über ein Radiofrequenzsignal Kontakt zum dem RFID-Chip auf. Dieser antwortet ebenfalls mit einem Radiofrequenzsignal. Über die Antenne nimmt das Lesegerät die Antwortdaten auf und leitet sie an die angeschlossenen Backendsysteme weiter.

2 Aktuelle Anwendungsgebiete

„Actuators can send and receive real-time data from the sensors – sometimes thousands of them – to learn about remote conditions and locations. And when sensors and actuators are mixed with RFID, well, then some pretty gee-whiz applications are created" (Kelly Sims, speaking for the IBM Software Group[2]).

2.1 Ladeeinheitensicherung

Mithilfe von RFID und Sensornetzwerken lässt sich eine effektive Ladeeinheitensicherung erreichen (vgl. im Folgenden Gehrmann 2007, S. 11). Bei Transportvorgängen mit großen Stückzahlen werden die Objekte gewöhnlich zu Ladeeinheiten zusammengefasst. Sind sie mit RFID-Tags bestückt, so lässt sich mit einem RFID-Lesegerät ihre Anwesenheit feststellen. In diesem Einsatzbereich kommen üblicherweise passive RFID-Tags mit sehr geringer Reichweite zum Einsatz. So kann es sein, dass ein RFID-Lesegerät die Präsens eines Objekts in der Ladeeinheit nicht feststellen kann, da dieses außerhalb seiner Reichweite liegt oder das schwache Antwortsignal des Objekts nicht bis zum Lesegerät zurückreicht. Mithilfe von drahtlosen Sensornetzwerken lassen sich die Objekte zu einer Einheit zusammenfassen und untereinander interagieren.

Fragt ein Lesegerät die Anwesenheit eines Objektes außerhalb seiner Reichweite ab, so wird die Anfrage von Objekt zu Objekt durchgereicht bis sie das entsprechende Objekt erreicht. Auf diese Weise lässt sich das Problem der Ortsgebundenheit von RFID-Systemen abschwächen. Außerdem kann die Manipulation oder das Entfernen eines Objekts direkt in der Ladeeinheit detektiert und zeitnah gemeldet werden.

2.2 Asset tracking in Officeumgebung

McKevin, Williams und Berry stellen in ihrer Arbeit ein RFID-basiertes drahtloses Sensornetzwerk zum asset tracking in einer umfangreichen Officeumgebung vor. Ziel des Systems ist es, einen Gegenstand oder eine Person in der gesamten Umgebung verfolgen und zuverlässig lokalisieren zu können (vgl. im Folgenden McKelvin/Williams/Berry 2007). Denkbare Anwendungen wären zum einen das exakte Tracking von Wertgegenständen in einem begrenzten Bereich, zum anderen auch die Auffinden von alten Menschen in Altersheimen. Zu diesem Zweck kombinierten die Autoren ein RFID-System mit einem drahtlosen Sensornetzwerk. Die eingesetzten RFID-Reader wurden mit Sensoreinheiten ausgestattet und

---

[2] vlg. Burger 2007

in großer Dichte über die Officeumgebung verteilt. Durch die Vernetzung der Sensoren sollte eine flächendeckende RFID-Infrastruktur geschaffen werden. Auf der folgenden Skizze stellen die Autoren ihre Systemarchitektur grafisch dar (vgl. McKelvin/Williams/Berry 2007, S. 46):

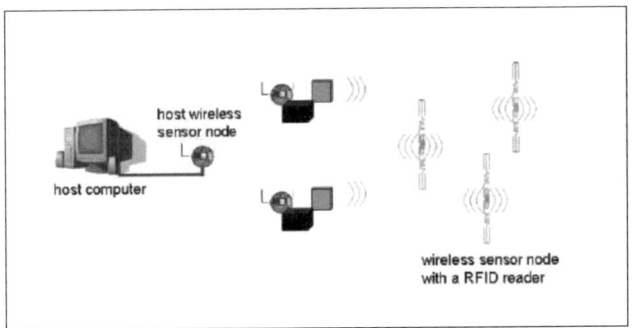

Abb. 2/1: Systemskizze des vorgestellten RFID-Sensornetzwerkes

In der Officeumgebung verteilte RFID-Lesegeräte sind mit Sensoreinheiten bestückt und fungieren als drahtlose Sensorknoten des Netzwerkes. Durch die Vernetzung der Sensoren soll ein mit RFID-Chip ausgestattetes Objekt jederzeit von einem der Knoten lokalisiert und seine Position über den Hostknoten an den Host-Computer weitergegeben werden können. Dieser von McKelvin, Williams und Berry vorgestellte Ansatz befindet sich noch im Prototypstadium und lieferte noch keine ausreichend verlässlichen Ergebnisse (vgl. McKelvin/Williams/Berry 2007, S. 47).

2.3 Temperaturüberwachung von Lebensmitteltransporten

Besonders Unternehmen in der Lebensmittelbranche sind auf ununterbrochene Kühlketten angewiesen. Der Begriff Kühlkette beschreibt den Weg eines auf Kühlung angewiesenen Produkts vom Hersteller über den Transportweg zum Anbieter. Wird das Produkt an einer dieser Stationen zu warm oder zu kalt, so droht ihm Verderbnis und den beteiligten Unternehmen bedeutende finanzielle Verluste. Um die Qualität der Lebensmittel in Zukunft besser kontrollieren zu können, arbeiten Wissenschaftler des Microsystems Center Bremen (MCB) derzeit an einem „intelligenten Container" (vgl. im Folgenden Handelsblatt 2006). Dieser basiert zum einen auf an den Waren befestigten RFID-Tags, zum anderen auf Sensoreinheiten, die die Umgebungsinformationen „Temperatur" und „Luftfeuchtigkeit" im Container messen. Sobald den

Lebensmitteln Frischeverlust droht, schlägt das System Alarm und es können Gegenmaßnahmen getroffen werden.

2.4 Asset Tracking per Satellit - RFID-Tag mit integriertem GPS-Sensor

Die Kombination aus GPS und RFID könnte die Lösung für das Problem der Ortgebundenheit bisheriger RFID-Produkte sein. Zum Aufspüren und Nachverfolgen von Wertobjekten stellt Pieringer in seinem Artikel ein aktives RFID-Tag mit integriertem GPS-Sensor vor (vgl. im Folgenden Pieringer 2007). Gemäß Anbieter Identec Solutions ist das Tag in der Lage, Standort und Bewegung eines Gegenstandes exakt zu bestimmen.

Das GPS-Tag verfügt über eine Read-/Write-Reichweite von über 500 Meter und kann so auch von einem weit entfernten Reader aktiviert werden. Es kann sich per Satellitenverbindung selbstständig aufspüren und nutzt GPS in Verbindung mit seinem RFID-Chip für seiner Route. Eine auswechselbare Batterie, die über eine mehrjährige Laufzeit verfügen soll, sorgt für die anhaltende Dienstverfügbarkeit des GPS-Tags. Im vierten Quartal 2007 ist mit der Anfertigung größerer Stückzahlen zu rechnen.

2.5 Überwachung von Blutkonserven

Die Überwachung von Blutkonserven per RFID-Tags wurde 2004 am Uniklinikum Saarbrücken eingeführt und stellt eine weitere kritische Anwendung für RFID und Sensortechnik dar. Die Versorgung von Patienten mit den notwendigen Blutkonserven beinhaltet zwei zentrale Aufgaben: Zum einen muss sichergestellt sein, dass der Patient die für ihn vorgesehene Konserve erhält, zum anderen muss ihre Qualität gewährleistet sein. Nach dem Modell der Uniklinik Saarbrücken erhält jeder Patient bei seiner Ankunft ein RFID-Armband mit einer Identifikationsnummer, die Zugang zu seinen Patientendaten ermöglicht (vgl. im Folgenden Informationsforum RFID 2007, S. 12f). Die angelieferten Blutkonserven sind mit RFID-Tags versehen, auf denen zum einen Herkunft, Verwendungszweck und Empfänger der Konserve hinterlegt sind. So ist sichergestellt, dass jeder Patient die für ihn vorgesehene Konserve erhält. Damit die Konserve nicht verdirbt, müssen auf dem Weg vom Spender zum Empfänger spezielle Temperaturprofile eingehalten werden. Derzeit entwickelt Siemens zusammen mit der Blutbank der Universitätsklinik Graz und einigen Partnern spezielle RFID-Sensortags, die die Qualität der Blutkonserve gewährleisten sollen. Auf dem Tag integrierte Hitzesensoren kontrollieren fortwährend die Temperatur der Konserve und stellen so eine ununterbrochene Kühlkette sicher.

2.6 Containerüberwachung per RFID-basierter Sensor-Tags

Das Innovation Center der DHL entwickelt zurzeit einen intelligenten Container, in dem ebenfalls Sensor-Tags zum Einsatz kommen (vgl. im Folgenden Deutsche Post World Net 2007). Neben dem bereits bekannten Hitzesensor sollen hier eine Reihe weiterer Sensoren zum Einsatz kommen, die zusätzliche Umweltinformationen sammeln.

"Die Lebensmittel-, Pharma-, Automotive- oder Elektronikindustrie haben genau definierte Anforderungen, wie stark Sendungen auf dem Transport Feuchtigkeit, Stößen und Erschütterungen ausgesetzt sein dürfen", erklärt Michael Lohmeier vom DHL Innovation Center. Eine Sendung elektronischer Geräte reagiert sehr sensibel auf Stöße und Erschütterungen, auch zu hohe Feuchtigkeit kann sie zerstören. Feuchtigkeitssensoren helfen auch beim Qualitätsmonitoring von. Aufgabe des intelligenten Containers soll es zum einen sein, den Transportprozess der Ware zu protokollieren, zum anderen aber auch die Qualität der Ware zu überwachen und im Fall der Zerstörung in Echtzeit Nachricht zu geben. So kann der Warenempfänger noch während die Ware unterwegs ist reagieren und für Ersatz sorgen. Auf diese Weise kann er den Schaden effektiver begrenzen und Kosten einsparen.

Die intelligenten Container sollen sowohl auf dem Luft- als auch auf dem Seeweg eingesetzt werden. Für den Seeweg stellt sich zurzeit die Herausforderung, die „schwachen Signale der RFID-Tags auf hoher See aus dem Schiffsbauch heraus an eine Empfangsstation zu übermitteln" (vgl. Deutsche Post World Net 2007). Sind die Signale bei der Empfangsstation angekommen, so müssen diese über das GPS-System des Schiffs an die Reederei und von dort an den Empfänger gebracht werden.

Für die Luftfracht stellt sich das Problem, dass die RFID-Signale, vergleichbar mit den Funksignalen von Mobiltelefonen, die Flugsicherheit gefährden.

Neben den technischen Herausforderungen müssen auch einige rechtliche Fragen zur Haftung beantwortet werden. Sollten die vom Container gesendeten Informationen fehlerhaft sein, so können auf Seite des Empfängers umfangreiche Bestellprozesse angestoßen werden, die überflüssige Kosten darstellen. Die Verlässlichkeit der Instrumente des Containers hat daher einen sehr hohen Stellenwert.

2.7 Weitere Anwendungsgebiete

Die Echtheit von Medikamenten und chemischen Substanzen ist in der Biotechnologie und der Pharmaindustrie von herausragender Bedeutung. IBM setzt hier RFID-basierte Sensornetzwerke und ist so in der Lage, eine deutlich größere Fälschungssicherheit zu garantieren (vgl. Burger 2007, S. 3).

Ein neuartiger Anwendungsbereich ist darüber hinaus der Einsatz von RFID und Sensortechnik in der Versicherungsbranche (vgl. im Folgenden Burger 2007, S 3). IBM hat in der Automobilsparte mit einem der größten britischen Versicherer zusammen ein dynamisches Pricing-Modell entwickelt. Kunden der Gesellschaft können ihr Fahrzeug mit einem RFID-Sensor ausstatten lassen. Dieser sammelt fortan Informationen über die Fahrweise des Versicherungsnehmers. Entsprechend dieser Informationen schätzt die Versicherung das Unfallrisiko des Versicherungsnehmers ein und bietet ihm einen individuellen Tarif an.

RFID-basierte Sensornetzwerke können als innerbetriebliche Ortungssysteme eingesetzt werden. Ortunkundiges Personal kann mit ihrer Hilfe direkt zu dem gesuchten Objekt geführt werden, vorstellbar wäre hier etwa das Auffinden eines bestimmten Einzelteils in einem Großlager.

3 Fazit

Sowohl der Einsatz von Radiofrequenzidentifikation als auch der Einsatz von drahtlosen Sensornetzwerken dient der Integration von Realwelt und ihrem digitalen Abbild. Beide Technologien treffen sich in der Vision „Ubiquitous Computing", in der „die physische Welt nahtlos mit Informationssystemen" verknüpft ist (vgl. Strassner/Schoch, S. 3).

Dabei ist RFID in der Lage, dem Realgegenstand digitale Produktinformationen hinzuzufügen, mithilfe der Sensoren kommen verschiedenste Umweltinformationen dazu. Im Bereich RFID ist die Ortsgebundenheit beziehungsweise die Überbrückung von größeren Entfernungen einer der klassischen Engpässe. Abschirmung, Feldverstimmung und die geringe Reichweite von (passiven) Transpondereinheiten sorgen in der Praxis immer wieder für Probleme. Hier könnte mit der Integration von RFID-Transpondern in drahtlose Sensornetzwerke die ersehnte Abhilfe geschaffen werden. Bisher wurde der Wirkungsbereich des RFID-Chips sehr exakt durch die Reichweite seines Antwortsignals bestimmt. Durch den Kommunikationsverbund im Sensornetzwerk kann dieser limitierte Bereich um ein Vielfaches erweitert werden.

Wie in Kapitel 3 vorgestellt tritt RFID in Verbindung mit drahtlosen Sensornetzwerken zurzeit weitestgehend in Closed-Loop-Systemen auf. Es steht abschließend zu erwarten, dass mit der Integration der RFID-Technik in drahtlose Sensornetzwerke die digitale Welt ein bedeutendes Stück weiter an die Realwelt heranrücken wird.

LITERATURVERZEICHNIS

Strassner/Schoch 2007: Strassner, M., Schoch, T.: Wie smarte Dinge Prozesse unterstützen, http://www.vs.inf.ethz.ch/res/papers/Smarte-Dinge-Prozessunterstuetzung.pdf, Abruf am 06-27-2007.

BMWI 2007: Bundesministerium für Wirtschaft und Technologie: RFID: Potenziale für Deutschland - Stand und Perspektiven von Anwendungen auf Basis der Radiofrequenz-Identifikation auf den nationalen und internationalen Märkten, http://www.vdivde-it.de/Images/publikationen/dokumente/RFID_gesamt.pdf,Berlin 2007.

McKelvin/Williams/Berry 2007: McKelvin, M. L., Williams, M. L., Berry, N. M.: Integrated Radio Frequency Identification and Wireless Sensor Network Architecture for Automated Inventory Management and Tracking Applications, http://delivery.acm.org/10.1145/1100000/1095261/p44-mckelvin.pdf?key1=1095261&key2=5340692811&coll=GUIDE&dl=GUIDE&CFID=22461895&CFTOKEN=12972832, Abruf am 28.06.2007.

Fraunhofer Institut 2007: Fraunhofer Institut Mikroelektronische Schaltungen und Netze (IMS): Drahtlose Sensornetze, http://www.ims.fraunhofer.de/uploads/media/WSN_Infoblatt_Deutsch.pdf, Abruf am 28.06.2007.

Müller/Thies 2006 : Müller, S., Thies, M.: Entwicklung eines effizienten Reputations-systems für drahtlose Sensornetzwerke, http://www.sec.informatik.tu-darmstadt.de/pages/dipl/docs/finished/mueller_thies_diplom.pdf, Darmstadt 2006.

Gehrmann 2007: Gehrmann, V.: Gut vernetzt! Sensornetz-basierte Lösungen für Intelligente Produkte und Umgebungen, http://www.competence-site.de/netzwerke.nsf/ 58C0F985D7996902C12572AC003B40DA/$File/volker_gehrmann_gut_vernetzt_drahtlose_sensornetzwerke_fraunhofer.pdf, CeBIT Forum 2007.

Burger 2007: Burger, A. K.: RFID and Wireless Sensor Networks in the Supply Chain, http://www.ecommercetimes.com/story/55492.html, erstellt am 01.02.2007, Abruf am 29.06.2007.

Deutsche Post World Net 2007: Deutsche Post World Net: Der intelligente Container sagt wie es ihm geht, http://www.dpwn.de/dpwn?tab=1&skin=hi&check=yes&lang=de_DE&xmlFile=2007689, Abruf am 29.06.2007.

Wahlster 2007: Wahlster, W.: Internet der Dinge - Auf dem Weg zum digitalen Produktgedächtnis, http://www.empolis.com/executive-forum/2007/Assets/PDF/Prof._Dr._Wahlster.pdf, Berlin 2007, Abruf am 01.07.2007.

Pieringer 2007: Pieringer, M.: Identec Solutions entwickelt RFID-Tag mit integriertem GPS-Sensor, http://www.logistik-inside.de/sixcms/detail.php?id=548898, Abruf am 29.06.2007.

Handelsblatt 2006: Grund-Ludwig, P.: Sensor meldet faule Früchte, http://www.intelligentcontainer.com/fileadmin/template/main/files/Handelsblatt_310706.pdf, erstellt am 31.07.2006, Abruf am 29.06.2007.

Informationsforum RFID 2007: Informationsforum RFID: RFID im Gesundheitswesen, http://www.info-rfid.de/downloads/rfid_im_gesundheitswesen.pdf, Abruf am 28.06.2007.

BEI GRIN MACHT SICH IHR WISSEN BEZAHLT

- Wir veröffentlichen Ihre Hausarbeit, Bachelor- und Masterarbeit

- Ihr eigenes eBook und Buch - weltweit in allen wichtigen Shops

- Verdienen Sie an jedem Verkauf

Jetzt bei www.GRIN.com hochladen und kostenlos publizieren